Cómo decir olvido

Gloria Leticia Téllez Moreno

BH Books

Editors: F. P. Sanfiel and Manuel Alemán
Designer: Ricardo Potes Correa

Published in the United States by CBH Books.
CBH Books is a division of Cambridge BrickHouse, Inc.

Cambridge BrickHouse, Inc.
60 Island Street
Lawrence, MA 01840
U.S.A.

Library of Congress Control Number: 2011932009
ISBN 978-1-59835-295-5
First Edition
Printed in Canada
10 9 8 7 6 5 4 3 2 1

Para la mujer
que siempre supo su esencia
Alma Gloria Moreno Ramírez

ÍNDICE

CAPÍTULO II
Nostalgia para encontrarte

CAPÍTULO III
Retrospección para hallarte

CAPÍTULO IV
Construyendo anhelos

Introducción

Si alguna vez te has sentido perdido en un laberinto de sueños, o has querido acabar con nostalgias pasadas y has querido reencontrarte, reconstruirte, saber cuál es el timón que moverá tu barco, entonces:

Este libro se hizo pensando en ti, pero también en aquellas personas que, de alguna manera, han experimentado alguna pérdida en su vida.

¿Qué tipo de pérdida?, te preguntarás.

De todo tipo, en especial para aquellas que hayan amado inmensamente, para las que sientan que su vida se ha quedado suspendida en algún punto del universo, desde donde no hay retorno.

Este poemario es, ante todo, una reflexión sobre la vida a través de un camino poético, en él se cuestiona el cómo y el cuándo continuar.

CAPÍTULO
I

Destierro

"Esto quedó después del dolo,
una afección jamás curada".

Cuida mi amor

Guarda mi amor...
¡Tómalo, recógelo, atrápalo!

¿No ves que pasa sigiloso,
como una nube callada?

Algo muere aquí cada día.

¿Acaso, algún extraño pudiera
tomarlo, consumirlo?

Soy un espectro

Ya no subo por cerros ni colinas,
no paseo por llanos ni montañas.

Mi caminar es cauteloso,
para no pisar las espinas del camino.

He olvidado de dónde vengo,
no recuerdo ni mi nombre.

Mi alma se ha dormido,
mi paso se ha vuelto lento,
mi respirar... fatigoso.

Ya no hablo con la gente,
ni platico con Dios.

Soy un espectro que pasa sigiloso.

Mis pasos... no los oigo,
mis latidos... tampoco.

He navegado en el mar del vacío
y he tocado hasta el fondo de la roca.

Me he dormido de hastío y mi corazón
se ha perdido buscando en el fondo de las cosas.

Embriaguez

Me embriagué con el sinsabor de lo perdido,
y me perdí.

Cuando dejé de buscar lo trascendente,
cuando me dejé arrastrar por la corriente.

Ascendí por la pendiente
queriendo detener el viento,
el murmullo del eco.

Otras veces,
quise atrapar el rocío de la mañana,
traspasar el umbral del infinito,
lo desconocido,
para beberme las mieles
que embriagaran mis sentidos.

Tus besos

Quise ser paloma
y volar por senderos de luz.

Descubrir el sentir de tus sentidos
y perderme en el ocaso.

Romper el silencio del silencio,
llegar a explorar el desierto
que cubría mi noche.

¡Oh noche!, noche de locura
y de amor inexplorado.

Déjame embriagarme con tus besos,
déjame ser.

Añoro tu regreso

Al traspasar el umbral de mi alma
y perderme en el espacio multiforme,
renace en el infinito tu recuerdo,
que se pierde en tan sutiles desencuentros.

Tu aroma es el aroma de la noche,
que aspiro y respiro en este frío invierno.

Porque al tenerte y sentirte tan distante,
añoro el despertar de tu regreso.

Nostalgia

Nostalgia es sentir que no sientes,
es pensar que no piensas.

Es perder el sentido
del dolor y del hastío.

Es convertirse en tumba,
sin sentido.

Es terminar con el delirio
de cuanto se ha perdido en el camino.

Es olvidar mi humanidad
y perderme en un afán.

Es sentir que esto me aniquila,
que en esta pradera del valle me he perdido.

Es pretender ganar todas las batallas,
y al final del camino retornar victoriosa,
habiendo encontrado mi destino.

Quiero

Quiero callar mis angustias,
para no perderme en la desesperación.

Quiero creer que me sueñas,
para no morir de desesperanza.

Quiero atravesar el mar del vacío,
para no perderme en las profundidades de sus olas.

Quiero saber si ellas pueden llevar el eco
de lo que fue y de lo que hoy quiero.

Quiero perderme en el susurro de la brisa fresca,
fundirme en el hielo sobre la hierba
y quedarme ahí, por siempre...
En lo que vive y en lo que muere.

Quiero dejar de ser yo
para que la distancia se sienta menos.

¿Y si no me dolieras?

Dolor... ¿Y si no me dolieras?

Los lamentos y los gritos de dolor
serían pétalos de flor esparcidos al viento,
cenizas misteriosas diluyéndose en el mar.

¿Y si no me dolieras?

Los días serían perpetuos,
y las tempestades llenas de calma.
Y la desesperanza, analogía de días interminables.

¿Y si los días se juntaran con las noches?

Dormiría infinitamente.
El tiempo infinito pasaría, horas incontadas.
Mis sueños se disiparían...

¿Y si no me dolieras?

Correría descalza sobre espinas,
mis pies se ajarían, mis manos, también.

¿Y si no me dolieras?

Me esclavizaría la duda de cuanto veo,
mi corazón se perdería buscando en el fondo de las cosas.
¡Y mi alma no anhelaría redención!

Solo el silencio

Soy solo el silencio
de tu amor deshabitado.

El murmullo de las olas
de este mar donde naufrago.

Soy solo el refugio
de un tiempo, sin tiempo,
de un amor que no vuelve,
de un olvido que no llega.

¡Y de un lamento que no cesa!

Dijiste adiós

Cerraste la puerta,
y todo quedó suspendido.

Las paredes lloraron,
la puerta miró tus huellas no pisadas.

Todo se hizo en penumbras,
nada pudo doler.

Solo, tu recuerdo.

Espectro de luz

Las horas pasaron,
también los minutos, y los días.
Y yo seguía igual.

Como un espectro de luz
flotando en la oscuridad,
descubría tu rostro.

Mis anhelos...
se hicieron nada.

Toda yo quedé suspendida en el tiempo,
y los años... se quedaron inertes,
inmóviles, inanimados,
e inmensurables cada vez más.

La locura me visitó como una intrusa.
Cuando las cenizas de mi alma se apagaron
quedé a mitad de mi anhelo.

Te perdiste lo mejor de mí,
explorador de sueños inacabados, fallidos.

Te faltó...
hurgar en el misterio de mi alma,
en mi despertar.

Te di todo

Te di mi esencia,
y fuiste amor escatimado,
fuego indeciso.

Siempre yendo,
consumiendo.

Fuego inacabado.

Fui agua para tu sed,
en la que flotaban mis anhelos,
mis deseos.

Inmensidad de sueños rotos...

Dádiva compartida,
espacio diluido donde no tuve lugar.

La hiel de su desprecio

Quise abrazarlo, pero...
escondí mis brazos,
para que no supiera
que aún lo retenía en mí.

Quise besarlo, pero...
mis labios ya habían probado
la hiel de su desprecio
perdido en mis entrañas.

Derrota

Has visto alguna vez:
¿Cómo pierde su color una rama marchita?
¿Cómo se desmorona una rosa seca?

Sabrás, que es como perder una caricia,
como una gota derramada,
suspendida...

Toda tú te viertes,
te acabas lentamente.

¿O es acaso mi feminidad,
un propósito donde me pierdo?

¡Oh, divinidad,
enséñame a reconstruirme!

Ecos interminables

Mi amor se perdió
en ecos interminables.

Mi voz te llamaba.

Solo el viento pudo alojar los besos
del último minuto de amor
que nos dimos.

Tu partida

¿Cuánto hace que te fuiste?
¿Lo sabes tú?
Porque yo, aquí, cuento las horas
y los días.

El calendario me pide que lo tire,
llora conmigo.
Cada página de cada mes se desgarra.

¿Tendré que esculpir mis memorias,
mis recuerdos,
en la piedra de tu corazón,
para no esperarte?

Quise reinventarme,
borrar el pasado,
transformarme.

Pero... ya te habías ido,
lograste estremecerme
con el susurro de tu olvido.

Fusión

Mi cuerpo se vertía en un molde
se reconstruía lentamente.

Mi silueta se adhería,
se esculpía.
Como arcilla inacabada,
se forjaba.

No hubo espacios para lágrimas,
toda yo me fundía.

Solo el silencio,
fue mi compañía.

Tristeza

¿Cómo recapitular cada anécdota?
¿Cómo escribir cada página de cada hora,
de cada instante de amor que nos falta,
si las fuerzas están agotadas, marchitas...?

¿Cómo imaginar en otros brazos tu olor impregnado en
cada espacio perdido de mi piel?

¿Cómo recoger cada gota de lluvia,
lentamente vertida en una noche?

¿Cómo no quedar desolada en la oscuridad
si hay caricias que duelen?

Esta materialidad está impregnada de tu olor,
deshojarla sería un atropello.

Las horas no encuentran equilibrio, lloran perdidas...
y se ahogan en las lágrimas vertidas en esta oscuridad.

No hay magia ni armonía.
¿Dónde podré trascender?

Desolación

Desolación,
invención de la nada,
minutos perdidos
en caricias que no damos,
besos consumidos en el
desasosiego de las
horas en que no
estamos.

CAPÍTULO
II

Nostalgia para encontrarte

*"Con cuánto dolo actuaste,
que sintiéndote mío, te marchaste".*

¿Qué somos?

¿Somos acaso hologramas perdidos,
partículas, estrellas suspendidas,
o nubes fundidas en lo cóncavo del cielo?

¿Cuántas cosas...?

¿Cuánto más tiene que saber a olvido?

Aún no termino por esparcir este amor
en un lugar y otro...

No logro irrumpir en este laberinto
donde me dibujo,
me rehago,
y me construyo.

¿Existiré?

¿Acaso tengo que escuchar de tus labios
la palabra amor, para saber que existo?

¿Podré descubrirme en este vacío de mi piel
donde me faltas?

¿Podré tocar tus manos y perderme alguna vez
en el ensueño de tus deseos?

Quisiera saber

Quisiera saber:
¿Si el mar se ha cansado alguna vez?

¿Si las profundidades de sus aguas
quisieron ser exploradas?

¿Si las plegarias que imploraba el viento
han sido ya escuchadas?

¿Y... si los sueños que alguna vez renacieron,
hoy te llenan de nostalgia el corazón?

Saber,
¿si alguna vez el frío del ártico ha quemado tus huesos,
y al haber recorrido caminos otras veces,
la densa niebla y su humedad han mojado tu cara?

Y al percatarte de ello,
te hayas sentido acariciado,
y aún más... sentirte cobijado.

Horizonte perdido

¿Cómo creer en seres misteriosos,
sin día, sin tiempo?

¿Cómo soñar con amor,
si lo tienes que inventar?

¿Cómo descubrir enigmas ya olvidados?

¿Cómo no ahogarte en aguas mansas?

¿Cómo no perderte en caudales bajos?

¿Cómo empezar de nuevo,
si se ha perdido la razón?

Soy un fantasma

Horizonte...
¿Dónde desapareces?
¿Dónde te escondes?
Quisiera alguna vez encontrarte.

En la calle que pisas, búscame,
a la vuelta de la esquina, háblame.
¿No ves que soy un fantasma?

Visito los mismos sitios insidiosamente.
No busco nada nuevo, estoy aquí...
en el mismo espacio en que habitas.

Puedes encontrar mi olor en el aire que respiras,
en los minutos que consumes,
que acabas...

Aún existo, asómate a tu ventana,
y cuando el sonido de mi voz te encuentre,
escúchalo.

Soledad

¿Te parece bien que te cante una canción
de cuna, soledad?

¿Te sientes complacida con este café amargo
que serviste hoy?

¿Te parece mejor si charlamos sobre espasmos,
o de aquello que te quite el sueño
y te haga salir de la rutina?

¿No estás mejor si me cuentas un cuento no aprendido,
o si dejas de perseguirme en esta inmensidad
del silencio en que existimos?

¿No será mejor que te calles y me dejes en paz?

Vacío

¿Cómo se puede decir vacío?
existencia,
contradicción,
ausencia,
deseos fallidos.

¿Acaso lo has sentido alguna vez?

¿Y anduviste perdido
como si te fueras a morir?

El baúl de los recuerdos

Me alejé de mis amigos,
y guardé mi amor en un baúl.

En un baúl roto,
para ver si algún día,
en algún momento, se perdía.

Y llegaste tú,
con tu sonrisa de niño.

Y tomaste mi sueño,
y jugaste con él.

Búsqueda infructuosa

Te busqué en los pasillos del supermercado,
en cada estante,
en el aroma de las frutas,
en las legumbres.

Repetía tu nombre,
te llamaba.

Visualizaba tu silueta
perdida entre la gente

Solo... los aromas,
las esencias,
entendieron mis lamentos.

Búsqueda desesperada

Te busco en los rincones
de mi alma,
donde me pierdo.

Y te encuentro
en el abismo
que nos separa.

Olvido

Visité los sitios
donde dejaste tus pisadas,
donde fuiste tú,
donde descubrí tu luz.

Anduve sola
una tarde soleada.
Mi mirada buscaba la tuya.
Y de pronto,
ahí estabas…

Los minutos temblaron,
el aire se detuvo,
mi respiración,
mis latidos,
y todo fue
para sentir tu olvido.

Cuando te vi
desvíe mi mirada
para que no encontraras tu amor
perdido en mis ojos.

Adiós recuerdos

Ayer...
Rompí aquellas cosas útiles
que guardaba de ti.

Rompí hábitos impregnados,
miradas guardadas
que rasgaban mi piel.

Frustración

No busco sueños infecundos,
ni noches fallidas
donde descansen mis sentidos,
y mis deseos...

No busco caricias superfluas,
ni besos escatimados,
ofrecidos gota a gota.

Te busco a ti...
y te escondes
en la profundidad de mis anhelos.

Te busco en las caricias perdidas
de una noche de verano.

Andar por los recuerdos

Quise olvidar tiempos pasados,
empezar de nuevo.
Redescubrirme en una calle y otra,
entre la gente.

Me reafirmaba
en preguntas lastimosas.

Te veía a través de cristales empañados,
que me asfixiaban
y corrompían mi alma.

Me asaltaron recuerdos borrosos,
inseguros.

Pasos sin descanso
por donde anduve.

Perdida en mí

Más de una vez anduve
tratando de encontrarme,
perdida,
sin luz,
sin paz.

Reafirmándome en una persona,
y en otra.
Construyéndome en alguien.

Anduve sola, sin conciencia,
en sitios extraños,
sin sueños,
sin anhelos propios,
como una casa inhabitada.

¿Amor o fantasía?

¿Y qué es el amor?
Abstracción de sueños.

Locura,
ideas infundadas,
vertidas poco a poco,
deslizadas en conciencias
de seres que se construyen.

Anhelos mezclados
con fantasías

¿O es permanencia
para saber que existimos?

Para después... morirnos
un poco.

¿Realidad?

¿Realidad?
¿Acaso existes?
¿O es mi verdad el soñar
con cosas inalcanzables,
deseables?

¿Será esto real?

Porque hoy...

Solo quiero ser
amalgama de sueños
trascendentes.

Fuego interior

Los minutos están marchitos,
las horas, también.
Van cayendo en el abismo
que nos define.

No logro detener el tiempo
que se derrite como la miel al fuego.
No hay freno para esta sed.

El fuego arde lento,
se consume sin parar,
hasta asfixiarme.

CAPÍTULO III

Retrospección para hallarte

"Mi amor se perdió en el espejismo
que encendía mi desierto.
Las arenas, asustadas,
arrastraban aires perdidos,
donde el eco no tuvo lugar".

Verano

El verano expresa su fulgor,
la inhóspita calle guarda tus huellas,
apenas perceptibles...

Y se pierde a lo lejos tu silueta,
que desaparece en este mar acantilado,
de vacío y de humedad,
asfixiante.

La humedad del verano
recorre mis poros,
mi deseo...
percibe levemente tu transpirar,
que aun en días como este,
me posee.

Susurro

Soy un susurro de formas y sonidos,
de ecos interminables,
de mareas que bajan
y suben sin descanso.

Soy un susurro de voces suspendidas...
Soy cuanto quedó atrás,
y aún más, lo que aún no soy.

Mi indescriptible figura
se ha vuelto una transfiguración
en el tiempo...

Los años se han quedado inertes,
inmóviles,
esperando que alguna vez
alguien logre explorarme.

Resurrección

He pisado antorchas encendidas.
Mis pies, descalzos, se han curtido.

He caminado sobre el crisol
y todo mi ser se ha fundido.

Me sumergí en el barro y la arena,
en el mar y la hierba.

Así, conocí todo cuanto se presentó
en mi camino:
lo humano y su contraparte.

Soñé con sonrisas y me desperté con melancolía.
Tropecé con cadenas arrastradas por espíritus
que parecían vivos,
pero que, más bien, ya se habían muerto.

Y vi resucitar a otros, que aún siguen viviendo.
Y, los demás, que llenaron de bondad mi senda,
se han ido ya.

Han viajado en el tiempo,
y se perdieron en el camino de la vía láctea.

Añoranza

Añoranza perdida:
¿Dónde te escondes?

Enigma guardado:
Encuentra mi sueño,
¡mi sueño olvidado!

Mis caricias perdidas
como estrellas fugaces.

Mis anhelos entretejidos
como telarañas.

Que no sea un espectro
perdido entre rocas.

Que la luz incandescente del sol
traspase las barreras del tiempo,
y pueda, por fin, encontrarte.

Muerte

Me he perdido en el delirio de lo perfecto,
a veces, he bajado hasta el inframundo
de lo que se ve y se esconde.

He subido hasta la cúpula del árbol más alto
y desde allí,
he visto al viento correr tras la montaña.

He visto a la montaña morir de hastío
y resquebrajarse uno a uno
los arrecifes de la alta cumbre.

He tratado de caminar descalza
ignorando las espinas y la sangre derramada...
Todo se ha perdido,
borrado por el polvo del camino.

He visto llorar a los campos y
llenarse de nostalgia el corazón.

Aun, cuando el agua del rocío ha llegado,
las margaritas han sido deshojadas por el viento
y las hojas se han muerto.

Ensueño

Ensueño...
Es probar el néctar de lo dulce y de lo amargo.

Es perderte con lo intrascendente y lo divino.

Es soñar con lo grande y lo pequeño.

Es renacer,
creer que sabes.

Es sentir que tu respirar
y traspirar se ha vuelto
ensueño.

Es sentir que todo es uno,
pensar que piensas.

Y sentir que todo esto te
envuelve y te redime.

Solo por hoy

¡Quiero estar sola
solo por hoy!

¡Solo por hoy
quiero estar sola!

Tomar mi corazón
con estas manos.

Beber mi sangre
gota a gota.

Transformar su color
y adherirme a cada célula,
que mi cuerpo no sienta.

Solo por hoy
quiero caminar
descalza.

Y al final...
encontrar el silencio
para estar conmigo.

Néctar del amor

Quise inventar caricias,
inventar besos,
inventar.

Y más aún…

Quise conquistar tu corazón
para que no te fueras.

Y no tuve que inventar,
ya habías bebido del agua,
de la primera molécula de luz
que fecunda el día.

Ya habías probado el néctar que
derramaba mi miel.

Tu degustación se había
extasiado de todo...
¡De todo!

Solo tu cuerpo

Quise ser
un manantial de leche para tu sed,
y apagar tu fuego en él.

Quise estremecerte con gemidos escondidos,
pero tu alma no lo supo apreciar.

Solo tuve tu cuerpo.

La huella que flota

Aunque en ti nazca mi metáfora
y acabe mi poesía.

Aunque crucemos el umbral del silencio
en el que nos encontramos,
todo permanece inmóvil,
como una huella que flota.

Tú, ahí, en el origen de las cosas,
lugar de donde vienes.

Yo, aquí,
sin tiempo, ni espacio, ni final.

No somos nada

Ni siquiera somos soles,
ni galaxias,
ni mundos,
ni tiempo.

Solo somos fantasmas
diluidos en arenas movedizas
de desiertos.

Solo somos soledades
sin calma ni reposo,
donde te puedes perder.

Recuerdo olvidado

Solo eres río,
remanso detenido,
suspendido.

Recuerdo olvidado,
bálsamo acabado,
sombra donde piso,
y mar que se consume.

Pasado y presente

Reinvento el pasado,
lo hago mi presente.

Rehago cantos
ya escuchados.

Voces repetidas
de ecos interminables.

Guardo tus gestos.
tus miradas,
tus palabras.

Te busco entre la gente,
en las calles borrosas
por la lluvia.

Y todo es para que yo
pueda vivir.

Silueta imperfecta

¿Recuerdas aún la forma de mi amor?

No era perfecta,
¿Cómo acomodar en un molde mi silueta?,
si no logro encontrarme
ni en el entorno del espejo,
ni en las miradas de la gente.

Si no logro encontrarme
ni en el pasado que dejaste,
ni en los libros dormidos
que hay en la casa.

Somos sombras

Somos sombras,
a veces...
ausencias
perdidas en besos retenidos,
o fórmulas indescriptibles.
Somos murmullo de voces esparcidas.

Sueños rotos

Fuimos brújulas perdidas.

Fuimos horizontes irreconciliables,
desconocidos.

Fuimos sueños fugaces,
vasos llenos jamás vertidos.

¡Y esperanzas de sueños rotos!

Quisiera...

Quisiera recoger mis pasos,
desandar el camino.

Terminar de escribir mi página,
que mis palabras ya se hayan pronunciado todas...

Que las caricias que dieron mis manos,
ya se hayan dado todas…

Que las huellas que dejaron mis pies,
ya se hayan pisado todas...

Quisiera dejar de ser fantasma,
para convertirme en ser, romper espejismos.

Llegar al caudal de tus aguas y sumergirme en ellas,
por siempre, para siempre.

Quisiera ser el silencio, la soledad que me invade,
traspasar muros, llegar al infinito.

Sentir que soy el universo,
el viento, el frío, el calor.

Fundirme en todo y soñar,
y soñar, y soñar.

Noche de lluvia

Esta noche de lluvia
quiero ser centella,
desgarrar mis ataduras,
arrancar mis vestiduras.

Quiero ser plástico,
sintético,
ser marfil.

Romper cristales,
probar mieles dulces, o amargas,
que me embriaguen
y me consuman poco a poco.

Porque al despertar
¡quiero vivir!

Enséñame a encontrarte

Pensamiento
multiforme.

Acción de vida,
verdades perdidas
en laberintos
de factores.

Donde no hay
respuestas,
ni absolutos,
ni constantes.

¡Oh, destino
regulador!

Enséñame a
encontrarte.

Mujer

¿Será que tu nombre
significa muerte?

¿Morir un poco?

¿O acaso, sabiduría,
madre, o milagro?

Cúspide de anhelos
donde vidas
paralelas se funden,
se completan,
y se terminan.

Plegaria

Esencia,
principio,
final...
Llegué al puerto,
quiero anclar
mi barco.

He sucumbido,
¡levántame del polvo
que soy!

Quiero ser luz,
conquistarte.

Descúbreme,
¡ponme en mi sitio!
no ves que he caído.

Y quiero vivir,
empezar.

Horas perdidas

Y me preguntas
¿que cuánto hemos perdido?

Yo... respondo:
solo las horas;
incontadas horas
donde no estuvimos.

Ausencias retenidas
de noches oscuras.

Pasado

Almacén de hechos pasados,
sobrados.

Bodega inhóspita,
tierra que corrompe.

Acumulación de cosas
sin sentido, sin paz.

Desenfrenos guardados
en rutinas.

Costumbres
que no queremos descubrir.

¿Alguna vez?

¿Alguna vez te ha contrariado un sentimiento?

¿Has tropezado contigo una tarde lluviosa,
donde te hayas sentido ajeno?

¿Te has puesto frente a un muro?

¿Te has conquistado alguna vez?

¿Cuánto hace que te
torturaste por cosas ajenas?

Dime, dime ¿cuándo?

¿Te has sentido libre alguna vez?

¿Te has poseído toda tu?
¿Cuánto hace que te encontré,
dignidad, respeto?

Dime, ¿dime cuánto tiempo?

O ¿eres todavía algo escondido debajo
de un pasado?

En las cenizas donde
descansan los restos
de mi madre,
justicia atribulada,
abnegación poco estimada.

Sueños liberados
de la prisión
de la tumba
donde descansa.

Ausencia

Ausencia pura,
¡ayúdame a libertarte!

Ayúdame a romper hábitos
impregnados,
a arrancar ataduras
guardadas.

Para después:
corregirme,
redescubrirme,
autoafirmarme.

Ni tus huellas

Me senté
junto al jarrón
de las hojas muertas.

Frente al muro donde
construí mi soledad.

Todo se hizo en penumbras,
ni tus pasos,
que dejaste,
pudieron reconstruir
tus huellas.

Me dejaste en un abismo

Me deshojé
poco a poco,
me desgrané como
el maíz
en pensamientos insidiosos.

Construía mi vida
con el recuerdo,
me perdía en ausencias nocturnas,
ni las sombras que dejaste
pudieron llenar el abismo.

Ausencia

Algunas veces
busqué tu olor.

Otras veces,
al menos, el color de tus ojos
derramados en miradas.

Miradas perdidas.

Cuando la taciturna noche llegaba,
me acercaba, solo un poco,
a tu recuerdo.

Ni el vino me enseñó tu sabor,
y yo me perdía en el abismo
de tu ausencia.

Silencio del pasado

Que mi corazón deje de aplaudir
al silencio del pasado.

Que mi eco no se escuche
en las montañas airosas.

Que ni el rocío de mi voz
te encuentre en el fondo de las cosas,
para dejar de soñar
con encontrarte.

CAPÍTULO IV

Construyendo anhelos

*"El olvido es lento,
es una brújula perdida,
es una señal sin rumbo".*

Aleación

Quisiera perderme contigo,
fundirme como el oro,
diluirme poco a poco en ti, como un metal,
listo para adquirir otra forma.

Quisiera que fueras la forma,
para poder atrapar cada latido tuyo.

Sentir que me perteneces
y que te pertenezco.

Conocer cada milímetro,
cada céntimo tuyo.

Diluirme en tus caricias,
ser esa caricia,
poder sentir lo que sientes,
ser parte de tu anhelo.

Absorber cada respiro y suspiro.

Y al final,
saber que nada más necesito
porque ya eres mío.

Quise amarte

Quise amarte,
como la brisa que espera
poseer a la mañana.

Como la noche
que retiene, por instantes,
la luz de una estrella.

Quise ofertarme a ti,
en cada paso,
cada minuto,
cada hora.

Quise hurgar en la metáfora
de tu aliento,
ser tu aliento,
pero, me faltaste.

Ser yo

Quise reinventarme,
redescubrirme.

Ser yo
para dejar que tú fueras.

Quise borrar el pasado,
transformarme.

Pero ya te habías ido,
lograste estremecerme
con el susurro de tu olvido.

¿Será posible?

¿Podrá el presente ser una alegoría
de días pasados?

¿Podré retenerte en una gota de lluvia?

¿Podré juntar el día con la noche
y perderme en ella?

¿Podré alguna vez encontrarte
y poseerte hasta el final?

Tiempo

Déjame tener tiempo de inmadurez,
de insensatez,
que los minutos se vuelvan nada.

Que nuestra jornada no se sienta,
para poder descubrir mi humanidad
en el susurro del viento,
en las arenas movedizas del desierto.

En el ocaso de mis sueños,
donde nada muere.

Atardecer de la vida

La tarde llega a su fin
las horas están dormidas.

Y yo quiero vivir,
vivir un poco,
no deshojarme como este otoño.

Al menos permíteme arrancar tus miradas,
dejar de ser espejismo
para convertirme en ser.

Enséñame a encontrarme en tus ojos,
para descubrir mi humanidad,
solo por hoy.

Me gesto a cada hora.
Cada día renuncio a mi pasado,
a mis pérdidas.

Cuando las tardes llegan a su fin,
en el letargo de las horas dormidas,
toco fondo.

A veces,
¡incontadas veces!,
soy trascendencia.

Anhelos infinitos

En el reposo te encuentro,
en la soledad.

En penumbras te alcanzo.

Mis anhelos, no tienen fin.

Huellas imborrables

Se han quedado,
las huellas de tus labios,
marcadas en mí,
como amalgama de luz
impregnada.

Ni las horas las borran,
tampoco el tiempo
que dejaste suspendido.

Vanas caricias

Fuimos fuego indeciso
retenido en caricias vanas,
espejismos de anhelos
que irrumpieron en nuestra vida.

Anécdotas incontadas,
donde despertamos.

Encuentros tristes

Hay pensamientos cansados,
agobiantes.

Expresiones de palabras perdidas
en encuentros tristes.

Encuentros en noches oscuras,
que invitan al olvido.

Amores distantes

Hay acciones que conmueven,
hechos repetidos,
sin sentido,
sin sustancia.

Como amores distantes,
ausentes,
perdidos en calles borrosas,
en noches borrascosas
donde preferirías morir.

La editorial Cambridge BrickHouse, Inc.
ha creado el sello CBH Books
para apoyar la excelencia en la literatura.
Publicamos todos los géneros, en todos los idiomas
y en todas partes del mundo.
Publique su libro con CBH Books.
www.CBHBooks.com

De la presente edición:
Cómo decir olvido
por Gloria Leticia Téllez Moreno
producida por la casa editorial CBH Books
(Massachusetts, Estados Unidos),
año 2011.
Cualquier comentario sobre esta obra
o solicitud de permisos, puede escribir a:
Departamento de español
Cambridge BrickHouse, Inc.
60 Island Street